LOS PAPELES DE UNA MAMÁ

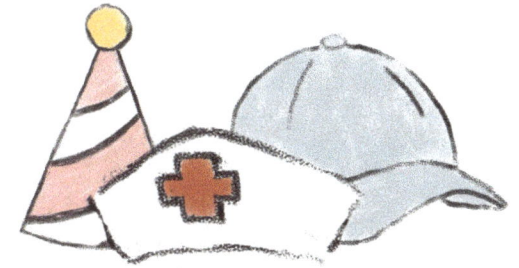

Escrito Por
KARLIE BURNHAM

Ilustrado Por
ANDREA STEVENSON

Traducido Por
WESLEY BURNHAM

Este libro está dedicado con amor a dos mujeres maravillosas: Mi propia madre, Kathy, quien me ha servido todos los días de mi vida; y mi suegra, Jenny, quien me ha enseñado mucho sobre criar chicos.
- Karlie

Para mi mamá, quien me provée con un montón de suministros de arte, y la libertad de crear...y quien también me enseñó a conseguir el chocolate bueno.
-Andrea

Esta edición se publicó por primera vez en 2020
por Lawley Publishing,
una división de Lawley Enterprises LLC.

Propiedad Intelectual © 2020 por Karlie Burnham
La Ilustracion Propiedad Intelectual © 2020 by Andrea Stevenson
todos los derechos resevados

Lawley Publishing
70 S. Val Vista Dr. #A3 #188
Gilbert, Az. 85296
www.LawleyPublishing.com

Mi mamá tiene muchos papeles,
para ayudarme cada día.
Pocas veces se descansa
ni corre, ni juega.

Cumple cada papel con
amor y esfuerzo.
Yo la veo trabajar.
Ven aquí, siéntate,
contémoslos uno por uno.

A veces trabaja como enfermera.
Gripe, resfrío, y cólico,
desparacen más rápidos
cuando yo tomo
su sopa deliciosa.

Mi mamá también maestra es,
siempre encuentra tiempo
para enseñarme portarme bien
además me enseña a leer y rimar.

Un chef magnífico mi mamá es,
Hace tantos platos.
Cosas simples como
macaroni con queso
o el manjar "confit de pato".

Ella también es animadora,
grita mi nombre muy fuerte.
Y me ayuda sentirme bien,
aun cuando perdemos.

A veces ella trabaja el doble
Y regresa cuando ya he dormido.
Pero yo la escucho entrar a mi
cuarto y en la cabeza me besa.

Mamá es organizadora de fiestas,
la mejor que yo conozco.
Cumpliendo cada deseo que
tengo por mis cumpleaños.

Una árbitro ella a veces es,
separando nuestras peleas.
Escucha ambos lados bien,
para discernir lo correcto.

Mi mamá es una taxista también.
Se ve bien en nuestro carro.
Siempre llegamos a tiempo,
a la escuela o el partido.

Mi mamá también
puede ser un mago.
Sí, pues, ¡es cierto!
Hace desaparecer
los monstruos malos
que me asustan en la noche.

Pero de todos los papeles,
que tiene mi mamá,
el mejor es que ella
siempre me ama.

Página de Discusión para mamás y niños
Pregustas que niños pueden preguntar a sus mamás

1) Mamá, ¿cuál fue tu PRIMER trabajo?

2) Mamá, ¿cómo decidiste cuál sería mi nombre?

3) Mamá, ¿cuál es tu trabajo FAVORITO?

4) Mamá, ¿si tú pudieras viajar a cualquier lugar, cuál sería?

5) Mamá, ¿si tú tuvieras un millón de dólares, como lo gastarías?

6) Mamá, ¿cómo eras tú cuando tenías mi edad?

7) Mamá, ¿qué es la cosa más amable que alguien te ha hecho?

8) Mamá, ¿cuáles son mis dones y talentos especiales?

www.ingramcontent.com/pod-product-compliance
Lightning Source LLC
Chambersburg PA
CBHW051355110526
44592CB00024B/2994